BEI GRIN MACHT SICH IHR WISSEN BEZAHLT

- Wir veröffentlichen Ihre Hausarbeit, Bachelor- und Masterarbeit

- Ihr eigenes eBook und Buch - weltweit in allen wichtigen Shops

- Verdienen Sie an jedem Verkauf

Jetzt bei www.GRIN.com hochladen und kostenlos publizieren

GRIN

Gerd Berner

Versuch einer Interpretation: Franz Kafka "Der Steuermann"

Zusammengestellt für Schüler und Studenten

GRIN Verlag

Bibliografische Information der Deutschen Nationalbibliothek:

Die Deutsche Bibliothek verzeichnet diese Publikation in der Deutschen National-
bibliografie; detaillierte bibliografische Daten sind im Internet über http://dnb.d-
nb.de/ abrufbar.

Impressum:

Copyright © 2012 GRIN Verlag GmbH
Druck und Bindung: Books on Demand GmbH, Norderstedt Germany
ISBN: 978-3-656-27441-4

Dieses Buch bei GRIN:

http://www.grin.com/de/e-book/201007/versuch-einer-interpretation-franz-kafka-
der-steuermann

GRIN - Your knowledge has value

Der GRIN Verlag publiziert seit 1998 wissenschaftliche Arbeiten von Studenten, Hochschullehrern und anderen Akademikern als eBook und gedrucktes Buch. Die Verlagswebsite www.grin.com ist die ideale Plattform zur Veröffentlichung von Hausarbeiten, Abschlussarbeiten, wissenschaftlichen Aufsätzen, Dissertationen und Fachbüchern.

Besuchen Sie uns im Internet:

http://www.grin.com/

http://www.facebook.com/grincom

http://www.twitter.com/grin_com

Franz Kafka, Der Steuermann
Versuch einer Interpretation – für Schüler und Studenten,
zusammengestellt von Gerd Berner, M. A., StD a. D.

Der Steuermann

„Bin ich nicht Steuermann?" rief ich. „Du?" fragte ein dunkler hoch gewachsener
Mann und strich sich mit der Hand über die Augen, als verscheuche er einen
Traum. Ich war am Steuer gestanden in der dunklen Nacht, die schwach-
brennende Laterne über meinem Kopf, und nun war dieser Mann gekommen und
wollte mich beiseiteschieben. Und da ich nicht wich, setzte er mir den Fuß auf die
Brust und trat mich langsam nieder, während ich noch immer an den Stäben des
Steuerrades hing und beim Niederfallen es ganz herumriss. Da aber fasste es der
Mann, brachte es in Ordnung, mich aber stieß er weg. Doch ich besann mich
bald, lief zu der Luke, die in den Mannschaftsraum führte und rief: „Mannschaft!
Kameraden! Kommt schnell! Ein Fremder hat mich vom Steuer vertrieben!"
Langsam kamen sie, stiegen auf aus der Schiffstreppe, schwankende müde
mächtige Gestalten. „Bin ich der Steuermann?" fragte ich. Sie nickten, aber Blicke
hatten sie nur für den Fremden, im Halbkreis standen sie um ihn herum und, als
er befehlend sagte: „Stört mich nicht", sammelten sie sich, nickten mir zu und
zogen wieder die Schiffstreppe hinab. Was ist das für Volk! Denken sie auch oder
schlurfen sie nur sinnlos über die Erde? [1]

Der „Steuermann" entstammt Kafkas Spätwerk, das Manfred Engel ab September
1917 beginnen lässt. „Der Ausbruch der Lungenkrankheit im August 1917, der fast
achtmonatige Erholungsaufenthalt in Zürau und die Auflösung der Beziehung zu
Felice Bauer markieren einen unübersehbaren Einschnitt in Kafkas Leben."[2] Das
Kafka-Handbuch von Engel/ Auerochs unterscheidet bei den Texten aus dem späten
Werk vier Schreibphasen Kafkas:
- die Zürauer Zeit (September 1917 bis Anfang Mai 1918)[2], die Kafka bei seiner
Schwester Ottla verbringt, die im nordböhmischen Dorf Zürau ein kleines bäuerliches
Anwesen bewirtschaftet. Hier beginnt Kafka aphorismenartige Texte zu schreiben.
Diese „Aphorismenreihe – von Max Brod unter einseitiger Hervorhebung einer positi-
ven Steigerung im Religiösen „Betrachtungen über Sünde, Hoffnung und den wahren
Weg" genannt – behandelt Grundfragen der Theologie: Gott, Sein, Paradies, Sünde,
Erlösung, eher skeptisch oder gar in sehr negativer Weise."[3]
- das Konvolut 1920 (ca. 20.8. bis Mitte Dezember 1920)[2], aus diesem Band hat Max
Brod viele Kurztexte herausgelöst, u. a. den „Poseidon", den „Steuermann", den
„Geier", die „Kleine Fabel" und den „Kreisel". Der 2004 verstorbene Oxforder Germa-
nist und Mitherausgeber der Kritischen Kafka-Ausgabe Malcolm Pasley datiert das
Konvolut mit Spätherbst 1920.[4]
- das „Schloss"-Jahr 1922 (ca. 27.1. bis Mitte Dezember 1922)[2], in dieser Zeit
entstehen Kafkas dritter und umfangreichster Roman, „Ein Kommentar", von Max
Brod „Gib's auf" betitelt, und „Von den Gleichnissen".
- die Zeit in Berlin (ca. 24. September 1923 bis Anfang April 1924)[2], für diese Zeit
beklagt die Forschung größere Textverluste, erhalten sind u. a. „Heimkehr", „Der
Bau" und „Josefine, die Sängerin oder Das Volk der Mäuse".

Andere Forscher haben andere Werkphasen vorgeschlagen. Hartmut Binders Kafka-Handbuch z. B. gliedert den Werkteil der Erzählungen in fünf Abschnitte:
- das Frühwerk (1904-1912)
- die Phase des Durchbruchs (1912-1915)
- die Erzählungen aus dem Alchimistengässchen (1916-1917)
- die Arbeiten in den ersten Krankheitsjahren (1917-1920)
- die Spätzeit (1922-1924)[5]

Lebensgeschichtlich steht Kafkas Spätwerk „ganz im Zeichen der Krankheit. Kur- und Sanatoriumsaufenthalte an verschiedenen Orten wechseln mit Wiederaufnahme der Berufstätigkeit in Prag (bis zur Frühpensionierung am 30.6.1922). An die Stelle von Felice Bauer treten nun: Julie Wohryzek (Febr. 1919 bis Ende Juli 1920), Milena Jesenská (April bis Ende 1920) und Dora Diamant (15.7.1923 bis zum Tode)."[6]

Im Dezember 1917 trennt sich Kafka endgültig von Felice Bauer, indem er mit dem „Entschuldigungsgrund Krankheit"[7] die zweite Verlobung mit Felice aus dem Juli des gleichen Jahres auflöst. Im Jahr 1918 erlebt er das Ende der österreichisch-ungarischen Doppelmonarchie: am 28.10.1918 wird die Tschechoslowakische Republik proklamiert. Werkbiographisch nennt Binder die Zeit nach Zürau (ab Mai 1918) bis zum Dezember 1919 „Literaturferne". Er erklärt, es habe in Kafkas Leben „keinen anderen Abschnitt" gegeben, „in dem er dem Schreiben in jeder Form so gänzlich fern gestanden hätte wie in den anderthalb Jahren nach seiner Rückkehr aus Zürau. [...] Keines der erhaltenen literarischen Werke, auch nicht das kleinste Bruchstück, ist in dieser Zeit entstanden."[8]

Auch Peter Beicken schreibt, „bis zum Spätsommer 1920" mache „sich eine deutliche Schreibunlust bemerkbar."[9] Allerdings „überantwortet ein zwischen 1919 und 1921 verfasstes erstes Testament unterschiedslos alle ungedruckten und sogar die gedruckten Werke der Vernichtung, ein Selbstgericht, von dem in einem späteren Testament (ca. 1922) zumindest das meiste im Druck Erschienene ausgenommen wird."[9]

Im Oktober 1918 erkrankt Kafka an der Spanischen Grippe. Ende November fährt er nach Schelesen, nördlich von Prag, wo er sich mit Unterbrechung bis März in einer Pension aufhält. Dort lernt er Ende Januar 1919 die Pragerin Julie Wohryzek kennen, verlobt sich erneut (seine dritte Verlobung), sagt jedoch die geplante Hochzeit zwei Tage vor der Trauung wegen Wohnungsproblemen ab.

„Unmittelbar nach dem gescheiterten Heiratsversuch, also Anfang November 1919, fuhr Kafka erneut für einige Tage nach Schelesen."[10] Dort beginnt er den „Brief an den Vater" zu schreiben, den er in der zweiten Monatshälfte in Prag fertigstellt.

Zwischen den Zürauer Aphorismen und dem Konvolut 1920 entsteht also der nie abgeschickte „Brief an den Vater". „Was Kafka schon 1910 in mehrmaligem Ansetzen als den Schaden, den ihm seine Erziehung zugefügt hatte, im Tagebuch reflektierte, zentrierte er jetzt, rigoroser und analytischer in der Argumentation, auf die Figur seines Vaters. Weniger die Person seines Erzeugers Hermann Kafka als vielmehr die Vaterrolle enthüllt und kritisiert Kafka. Ein seelisch Gemarterter und auf Lebenszeit Geschädigter schreibt diesen Brief."[11]

Peter-André Alt widmet dem Brief ein ganzes Kapitel in seiner Kafka-Biographie. Er knüpft an eine Äußerung Sigmund Freuds über die „kindliche Überschätzung der Eltern" an und spricht von einer „imaginäre[n] Überhöhung der Elternmacht", die als psychische Erfahrung Kafkas „Identitätsbildung" geprägt habe.[12] Alt geht jedoch kaum auf die verschiedenen Interpretationsansätze ein, vielleicht deshalb, „weil der

Text gerade in seinem faktual-fiktionalen Zwitterstatus offenkundig die Grenzen überschreitet, in denen sich die verschiedenen Schulen der Kafka-Forschung eingerichtet haben."[13] Eine ausführliche Darstellung der Forschungslage und der wichtigsten Deutungen findet sich in den beiden von mir genutzten Handbüchern von Binder und Engel/ Auerochs.[14]

„Der in der späteren Maschinenfassung 45 Seiten starke Brief [handschriftlich umfasst das Schriftstück 110 Seiten][15] an Hermann Kafka, [...], bildet den Versuch, die unauflöslichen Spannungen eines belasteten Verhältnisses [...] zu beleuchten."[12] Alt schreibt, der Brief greife „drei Grundfiguren auf, die auch Kafkas literarische Arbeiten strukturieren: Angst, Kampf und Tausch."[16] Zwischen den Zeilen kann man herauslesen, dass Kafkas Angst vor dem Vater die Angst des ohnmächtigen Opfers ist. Beicken erwähnt als ein Beispiel der „traumatisierenden Erlebnisse der Kindheit [...] die nächtliche Aussetzung auf dem Balkon"[17], das so genannte Pawlatschen-Erlebnis. Alt meint, Kafka habe in der „Rolle des ewigen Sohnes" dieses „Phantasma der Kindheit" mit dem Gespür für „Macht und Ohnmacht" später als „permanentes Wechselspiel seine Texte" durchziehen lassen.[12] „Elementare[n] Gefühle der hilflosen Ohnmacht"[18] werde ich im Folgenden auch im „Steuermann" aufzeigen.

Nach seiner Beförderung zum Anstaltssekretär („Abteilungsleiter mit erweiterten Befugnissen, die jenen eines Prokuristen gleichen"[19]) reist Kafka im April 1920 zu einem Kuraufenthalt nach Meran. Dort beginnt eine „Korrespondenz mit der in Wien lebenden 23-jährigen Journalistin Milena Pollak."[20] Alt hat die kurze, aber intensive Beziehung des 37-jährigen Kafka zu der 14 Jahre jüngeren, mit dem Bankangestellten Ernst Pollak unglücklich verheirateten Tschechin in seiner Kafka-Biographie ausführlich beschrieben.[21]

Nachdem er einige Tage mit Milena Jesenská in Wien verbracht hat, löst Kafka seine Verlobung mit Julie Wohryzek im Juli 1920 auf und beendet so während eines Abendspazierganges eine „Liebesbeziehung, die nicht zu den rühmlichsten Episoden seines Lebens gehört."[22] Doch auch das 1920 durch Briefe angebahnte Verhältnis mit Milena erweist sich als nicht tragfähig. Die Kafka intellektuell gleichwertige Briefeschreiberin ist nicht bereit, sich von ihrem untreuen Ehemann zu trennen, Kafka wiederum erliegt seinen Ängsten vor Milenas leidenschaftlichem, forderndem Wesen. Dennoch übersetzt Milena Jesenská, verh. Pollak, bis 1924 (Kafkas Tod) einige seiner Erzählungen ins mittlerweile Amtssprache gewordene Tschechische, nämlich den „Heizer", den „Bericht für eine Akademie", das „Urteil" und kleinere Stücke aus „Betrachtung".[23] Obwohl die Begegnung mit Milena „hauptsächlich eine zwischen Meran und Wien oder Prag und Wien stattfindende Briefliebe – „Geschriebene Küsse kommen nicht an ihren Ort, sondern werden von den Gespenstern auf dem Wege ausgetrunken"[24] - ist, vertraut Kafka ihr wie sonst niemandem: „er gibt ihr später auch seine privaten Zeugnisse zu lesen, außer den Romanfragmenten vor allem die Tagebücher und auch den „Brief an den Vater".[25]

Jedenfalls nimmt Kafka nach einem enttäuschend verlaufenden, zweiten Treffen mit Milena in Gmünd (14./ 15. August 1920) sein literarisches Schreiben wieder auf.

„Das sogenannte <Konvolut 1920> besteht aus 51 losen Blättern des Briefpapiers, das Kafka auch für seine Korrespondenz mit Milena verwendete. Max Brod hatte die Seiten umsortiert; die Herausgeber der Kritischen Ausgabe haben, mit einigem detektivischen Scharfsinn, die ursprüngliche Ordnung wieder herzustellen versucht."[26] Die Herausgeber des Metzler-Kafka-Handbuchs glauben: „Kafka schrieb das <Konvolut> zwischen etwa 19./ 20. August und Mitte Dezember 1920."[26] Auch wenn H. Binder Mitte November annimmt, Pasley bloß vom Spätherbst 1920 spricht, offenbaren die ja gar nicht so weit auseinander liegenden Daten den engen „Zusammenhang mit der Krise in der Beziehung zu Milena."[27] Offensichtlich hat sie Kafkas Schreiblust wieder geweckt, macht er jetzt doch den Versuch, längere, zur Veröffentlichung bestimmte Prosatexte wieder zu Papier zu bringen. Alt nennt ebenfalls den „Spätsommer und Herbst 1920" für die „zahlreiche[n] kurze[n] Prosastücke, die Kafka nie veröffentlicht hat. Die Titel, unter denen sie in der Nachlassedition bekannt wurden, stammen zumeist von Max Brod."[28]

Textanalyse

Hartmut Binder hat in seinem Handbuch den Inhalt der Parabel in einem Satz zusammengefasst: „Das Mitte November 1920 verfasste Kurzdrama spielt sich zwischen dem Ich, dessen Widerpart und einer amorphen, mit dem Ich sympathisierenden, aber nicht rettend eingreifenden Masse ab."[29]

Da der „Steuermann" zweifelsfrei eine Parabel ist[30] und es sich somit um einen narrativen Kurztext handelt, gehe ich zunächst auf die erzählte Wirklichkeit ein.

Erzählform, Erzählverhalten und erzählte Wirklichkeit

Der erste Satz des mit „Der Steuermann" überschriebenen Prosastückes lautet: „Bin ich nicht Steuermann?" rief ich." Mit dieser rhetorischen Frage betritt die eine der beiden erzählten Figuren den Schauplatz des erzählten Geschehens und stellt sich als Steuermann und somit als Hauptperson der Handlung vor. An der Inquit-Formel „rief ich" erkennt man, dass Kafka hier nicht die Er-Erzählform gewählt hat, bei welcher der Erzähler nicht von sich selbst, sondern von einer anderen Person berichtet, die in der 3. Person Singular als ER auftritt. Kafka bedient sich hier der Ich-Erzählform: der Erzähler berichtet von sich selbst, das ICH kann sowohl erzählendes Medium als auch handelnde Figur/ Person sein.

Jochen Vogt, dessen Terminologie ich in meinem Unterricht verwendet habe, hat in seinen „Aspekten erzählender Prosa"[31] die verwirrende Vielfalt der bis dahin von den einzelnen Schulen verwendeten Grundbegriffe verständlich reduziert, wenn er sagt, „von Ich-Erzählung [solle] nur gesprochen werden, wenn die Erste Person der Grammatik den Erzähler *und* eine mit ihm identische Handlungsfigur – oft, aber nicht notwendigerweise die Hauptfigur – bezeichnet."[32] Da die Ich-Form „sowohl den Erzähler [...] wie auch eine Handlungsfigur [bezeichnet]"[33], kann es zwei verschiedene Ichs geben: „Ein „Ich", das einst gewisse Ereignisse erlebte, und ein anderes, das sie nach mehr oder weniger langer Zeit erzählt."[34]

Vogt verdeutlicht diesen Unterschied an einem Kapitel aus den Memoiren des „Felix Krull". Es fängt so an: „Forsche ich nun in meiner Seele nach weiteren Jugendeindrücken, so habe ich des Tages zu gedenken, da ich die Meinen zum erstenmal nach Wiesbaden ins Theater begleiten durfte. Übrigens muss ich hier einschalten, dass ich mich bei der Schilderung meiner Jugend nicht ängstlich an die Jahresfolge halte, sondern diese Lebensperiode als ein Ganzes behandle, worin ich mich nach Belieben bewege."[35]

Diese wichtige Unterscheidung zwischen dem *erzählenden* und dem *erlebenden* Ich brauchen wir hier nicht zu beachten. Der in der Ich-Form auftretende Steuermann ist der Ich-Erzähler, das Narrator-Ich ist also Erzähler und gleichzeitig Handelnder in einer Person.

Im „Steuermann" gibt es keinen auktorialen, allwissenden Erzähler, der sich als Aussagesubjekt ins Spiel bringt, indem er sich aus dem Erzählzusammenhang löst

4

und kommentierend oder reflektierend oder urteilend oder den Leser anredend o. ä. in das erzählte Geschehen eingreift. Stanzel hat ein solches Erzählverhalten mit dem anschaulichen Bild erklärt, der auktoriale Erzähler statte der erzählten Wirklichkeit einen Besuch ab.[37] Im „Steuermann" betritt aber kein auktorialer Erzähler das Schiffsdeck. „Wie in vielen Erzählungen Kafkas liegt auch" im „Steuermann" „personales Erzählverhalten vor (in der von Jürgen Petersen reformulierten Terminologie Franz K. Stanzels; nach Gérard Genette wäre von „heterodiegistischem Erzählen" mit „interner Fokalisierung" zu sprechen.)"[36]

Personales Erzählverhalten meint, dass infolge des Fehlens eines auktorialen Erzählers (den man, mehr oder weniger stark personalisiert, als Individuum, also als leibhaftige Gestalt wahrnehmen könnte) das Geschehen auf den Schiffsplanken nur durch die beiden erzählten Figuren des Steuermanns und des Fremden dargestellt wird. Der Erzähler tritt hinter die Figuren des Steuermanns und des Fremden zurück und sieht das nächtliche Gerangel am Steuerrad mit deren Augen. Hier in diesem Text werden alle Ereignisse „in der dunklen Nacht" aus dem „Wahrnehmungshorizont"[36] vorwiegend des Steuermanns, weniger des Fremden erzählt.

Wenn in unserem Text das erzählte Ich in der Figur des Steuermanns auftritt, also als personales Ich[37], so erzählt es alles, was nur es selbst in diesen dramatischen Minuten am Steuerrad erlebt und beobachtet hat. Der personale Ich-Erzähler schwebt nicht, wie es der auktoriale tut, allwissend über der erzählten Wirklichkeit, d. h. er kann gewisse Dinge, die man dem auktorialen Erzähler glaubt, einfach nicht wissen, weil er alles nur aus der Beschränkung auf seinen eigenen, subjektiven Gesichtskreis berichten kann. Der personale Erzähler ist, obgleich vorhanden, nicht sichtbar. Er versteckt sich hinter den Figuren der Erzählung und übernimmt deren Sehweise; er hält sich also Masken vors Gesicht und schaut durch deren Sehschlitz. Nicht zufällig bedeutet persona, ae *f* : 1. Maske und 2. metonymisch: Rolle in einem Schauspiel; alicuius personam gerere heißt übersetzt: jemandes Rolle spielen.

Jürgen H. Petersen hat das so formuliert: beim personalen Ich-Erzählverhalten verschwinde der Erzähler/ Narrator nicht völlig von der Bildfläche, sondern „übernimmt eine Rolle", indem er die Sehweise einer erzählten Figur wählt.[38] „Da dem jeweiligen Erzählverhalten oft ein bestimmter Standort des Erzählers, eine bestimmte Erzählperspektive, eine bestimmte Darstellungsweise" entspricht[39], auch point of view genannt (in der Erzähltheorie liest man auch: frz. point de vue, Erzählerstandpunkt, Erzähl- oder Blickwinkel), gibt es bei der in unserem Text vorliegenden personalen Erzählweise eine Innensicht: der in der Ich-Form erzählende Steuermann kann nicht in das Innere des Fremden hineinblicken, er weiß nichts von dessen Gedanken oder Gefühlen. Er erlebt nur, dass sich der Fremde des Steuerrades bemächtigt, das Steuermann-Ich erfährt aber nicht den Grund. Man muss also von einer Erzählperspektive der Außensicht sprechen.

Nach diesen sehr ausführlichen Einlassungen über das epische Ich als eine erzählte Figur in der erzählten Wirklichkeit kann ich mich bei den drei anderen Kategorien (Geschehen, Zeit, Ort) kurz fassen, da ich die ja teilweise schon angesprochen habe. Das erzählte Geschehen spielt sich in einer dunklen Nacht ab auf dem Oberdeck eines Wasserfahrzeuges, über dessen Typ (unter Segeln oder maschinengetrieben), Größe und Ausstattung wir nichts erfahren, außer dass der Mannschaftsraum über eine Schiffstreppe mit dem Deck verbunden ist.

Die Frage des Ich-Erzählers am Textanfang, ob er nicht Steuermann sei, ist eine rhetorische, denn sie bedarf keiner Antwort, weil die Erwiderung sich von selbst verstünde. Für das Ich steht seine Funktion und damit seine Fähigkeit, als Steuermann das Schiff zu lenken, außer Frage; sie sei für ihn unbezweifelbar, meint sein Ausruf. Das epische Ich hätte, anstatt zu fragen, auch einfach, im Brustton der Überzeugung, sagen können: „Natürlich bin ich Steuermann!" Doch diese Selbstsicherheit zweifelt unvermittelt „ein dunkler hoch gewachsener Mann" an. Der Steuermann, der „am Steuer gestanden [war] in der dunklen Nacht, die schwachbrennende Laterne über [seinem] Kopf", ist allein an Deck gewesen und hat am Steuer gewacht. Plötzlich jedoch „war dieser Mann gekommen" (Plqpf.!), er ist auf einmal als zweite erzählte Figur da, unversehens ist er aus dem Dunkel der Nacht aufgetaucht. Auch bleibt im Dunkeln, wer dieser Fremde ist, er ist kein Mannschaftsmitglied und auch kein Passagier. Der Ich-Erzähler nimmt ihn infolge der Dunkelheit wohl nur schemenhaft wahr, er sieht bloß, dass er „sich mit der Hand über die Augen [strich], als verscheuche er einen Traum." Für den Leser bleibt der zu den Modalsätzen zählende Vergleichssatz (als ob „er einen Traum [verscheuche]") unverständlich. Der Ich-Erzähler hat aber keine Zeit, darüber nachzudenken, was es mit dem Traum auf sich hat, denn er wird unmittelbar nach seiner eigenen, sein Selbstgefühl bestätigenden Frage konfrontiert mit einem kurzen „Du?" des Fremden. Dessen Einwortsatz stellt überraschend die Autorität des Steuermann-Ichs in Frage. Das Fragezeichen hinter dem Pronomen „du" kennzeichnet hier nicht, wie im ersten Fall, eine rhetorische, sondern eine echte Frage. Wandelte man den aus nur einem Wort bestehenden Kurz- um in einen Mehrwortsatz[40], müsste der lauten: „Du bist nicht mehr Steuermann!"

Diese verbale Verneinung seiner Sinnberechtigung erfährt der Steuermann sogleich auch handgreiflich: der Unbekannte will ihn „beiseiteschieben". Weil der Angegriffene sich widersetzt, setzt der Ankömmling ihm, ohne ein Wort zu sagen, „den Fuß auf die Brust" und tritt ihn (den noch Stehenden – das ist seltsam) „langsam nieder." Das Narrator-Ich erzählt, dass es währenddessen „noch immer an den Stäben des Steuerrades hing und beim Niederfallen es ganz herumriss."

Das Eingeständnis des Steuermanns, er habe im Fallen das Steuer herumgerissen, lese ich als ‚verrissen'. Das Ich hat also das Steuer nicht mehr fest in der Hand, mehr noch: das Schiff ist steuerlos, es treibt auf dem Meer, womöglich droht es vom Kurs abzukommen. „Da aber" – tritt, verdeutlicht durch die adversative Konjunktion, eine Wendung ein. Die Partikel „da" kann grammatisch zweierlei sein, nämlich ein temporales Adverb, dann wäre der Sinn: in diesem Augenblick; oder ein modales Adverb, welches die Umstände kennzeichnet. Ich meine, der temporale Aspekt überwiegt. In dem Moment, in welchem das Schiff Gefahr läuft, führerlos dahinzutreiben, greift der Fremde ein, er fasst das Steuerrad und bringt es „in Ordnung". Dadurch dass er das Steuer übernimmt, bringt er das Schiff wieder auf Kurs.

Anders formuliert: „der dunkle[r] Mann" hat jetzt das Steuer fest in der Hand, der alte Steuermann ist beim Steuern abgelöst, der Fremde steuert von jetzt an das Schiff und bestimmt somit dessen Fahrt und Richtung. Mit der Übernahme des Steuerrads hat er nunmehr die Führung inne. Kleinlaut muss das Steuermann-Ich einräumen: „Mich aber stieß er weg."

Das adversative Adverb „doch" zu Beginn des nächsten Satzes in Verbindung mit dem Verbum ‚sich besinnen' deutet an, dass der Narrator seine frühere verantwortungsvolle Tätigkeit noch nicht vergessen hat, sondern sich nach einigem Nachdenken (das Zeitadverb „bald" zeigt die Verzögerung) wieder daran erinnern kann. Er läuft daher „zu der Luke, die in den Mannschaftsraum führte und rief: „Mannschaft! Kameraden! Kommt schnell!" Seine gewaltsam erfolgte Ablösung beim Steuern kennzeichnet er zutreffend mit dem emphatischen Ausrufesatz „Ein Fremder hat mich vom Steuer vertrieben!" Seiner Aufforderung wird Folge geleistet, die Matrosen kommen an Deck. Aber was sieht der Ich-Erzähler? Sie stürmen nicht nach oben, sondern „langsam kamen sie, stiegen auf aus der Schiffstreppe" – onomatopoetisch verdeutlichen die langen a-Vokale des adverbial gebrauchten Adjektivs und die langen i-Laute im Pronomen und im Verbum, dass sie keine Eile haben. Verstärkt wird ihr zögerlicher Eindruck durch die dem Subjekt „sie" attribuierte Apposition „schwankende müde mächtige Gestalten". Die drei asyndetisch gereihten Adjektive stehen ohne Kommata, die beiden ersten passen als Beschreibung zu der adverbialen Bestimmung „langsam"; auffallend ist hingegen das „mächtige". Dieses Adjektivattribut dürfte eher dem Wunschdenken des Steuermanns entsprechen, nämlich seinem Dafürhalten, sie könnten und müssten kraft ihrer Anzahl in der Lage sein, den Fremden zu überwältigen und ihm wieder zu seinem Recht zu verhelfen.

Im Glauben darauf stellt der Ich-Erzähler eine zweite Frage: „Bin ich der Steuermann?" Man könnte ergänzen: „oder nicht!" Die Reaktion der Mannschaft besteht in einem Nicken, das aber zwiespältig ist. Zwar geben die Leute ihrem Steuermann, wortlos zustimmend, darin recht, er heiße wohl Steuermann, „aber Blicke hatten sie nur für den Fremden." Das ist reine Bewunderung nur für den Antagonisten, die in eine stumme Obödienz mündet. Denn „als er befehlend sagte: „Stört mich nicht" [sic, bei Brod und Raabe ohne Rufzeichen (!)], sammelten sie sich."

Das Ende der Geschichte vom abgesetzten Steuermann erfährt der Leser durch den anschließenden Erzählerbericht; ich hätte auch sagen können, den weiteren Geschehensablauf teile „der Geist der Erzählung" mit: Die Matrosen „sammelten […] sich, nickten mir zu und zogen wieder die Schiffstreppe hinab."

Das ist erzähltes Geschehen, Handeln der erzählten Matrosen, deren Konturierung allerdings nicht durch eigene oder fremde Figurenrede, sondern bloß durch den Erzählerbericht erfolgt. Doch wer eigentlich teilt uns als den Rezipienten das Handeln der „schwankende[n] müde[n] Gestalten" mit? Außer dem Steuermann, dem Fremden und der amorphen und schweigenden Mannschaft sind ja keine anderen erzählten Figuren an Bord, die, in der Oratio directa oder Oratio obliqua sprechend, uns sagen könnten, was die vom alten Steuermann mit „Kameraden" Angesprochenen tun. Ich möchte diese Frage mit einem ausgesuchten Text Thomas Manns erklären.

In seinem Roman „Der Erwählte" (1951) erzählt Mann im ersten Kapitel, wie alle Glocken Roms anfangen zu läuten, und fragt dann, wer diese denn läute, wo doch alle Glöckner „auf die Straße gelaufen" seien „wie alles Volk, da es so ungeheuerlich läutet. Überzeugt euch: die Glockenstuben sind leer. Schlaff hängen die Seile, und dennoch wogen die Glocken, dröhnen die Klöppel. Wird man sagen, dass *niemand* sie läutet? - Nein, nur ein ungrammatischer Kopf ohne Logik wäre der Aussage fähig. <Es läuten die Glocken>, das meint, sie werden geläutet, und seien die Stuben auch noch so leer. – Wer also läutet die Glocken Roms? – *Der Geist der Erzählung.* – […] Er ist es, der spricht: <Alle Glocken läuten.>, und folglich ist er's, der sie läutet. So geistig ist dieser Geist und so abstrakt, dass grammatisch nur in der dritten Person von ihm die Rede sein und es lediglich heißen kann: <Er ist's.> Und doch kann er sich auch zusammenziehen zur Person, nämlich zur ersten, und sich verkörpern in jemanden, der in dieser spricht und spricht: <Ich bin es. Ich bin der Geist der Erzählung, der, sitzend an seinem derzeitigen Ort […] diese Geschichte erzählt, indem ich mit ihrem gnadenvollen Ende beginne und die Glocken Roms läute, id est:

berichte, dass sie an jenem Tage des Einzugs sämtlich von selber zu läuten begannen.>"[41]

Doch wieder zurück zu der im Imperativ „Stört mich nicht!" latent enthaltenen Aufforderung zu verschwinden: Der „Geist der Erzählung" also lässt die ausgemergelten Gestalten sich sammeln, nicken und wieder die Schiffstreppe hinabschlurfen, „id est" nach Thomas Mann: der Geist der Erzählung berichtet, dass die Matrosen keine Hand für ihren ehemaligen Steuermann rühren, sondern dem Fremden gehorchen und wieder unter Deck verschwinden. Der Geist der Erzählung *ist* der fiktive Erzähler, der Narrator, und der äußert sich in der Terminologie Jürgen H. Petersens und Jochen Vogts, deren Fachausdrücke ich im Unterricht verwendet habe, eben durch den Erzählerbericht, auch Erzählerrede genannt. Das ist ein „Hilfsbegriff für alle Sprachformen", so habe ich das meinen Schülern erklärt, die nicht Äußerungen einer erzählten Figur sind, „sondern als „unverstellte" Verlautbarung der Erzählfunktion (des „Erzählers") dargeboten werden."[42]

Und da in dieser Parabel das Steuermann-Ich nur zweimal ruft und nur einmal eine Frage stellt, der Fremde sogar nur zweimal den Mund aufmacht, die gesamte Mannschaft aber stumm bleibt, besteht der ganze Text mit Ausnahme dieser fünf wörtlichen Figurenreden aus Erzählerrede. Der reine Bericht des Narrators, ohne die gesprochene oder stumme Rede einer erzählten Figur, also der Erzählerrede, „gilt als Darbietungsform aller nicht an Personen-/ Figurenrede gebundener Bestandteile des Erzählten."[43] Der Erzählerbericht dient somit zur „meist straffe[n] Wiedergabe eines Handlungsablaufs."[42]

Das erzählte Geschehen, dessen Ablauf der Narrator dem Leser mittels Erzählerbericht kundtut, ist eigentlich mit dem Sich-weg-Schleichen der dem Fremden gehorchenden Mannschaft beendet. Beendet ist auch die Anwesenheit der beiden erzählten Figuren des Steuermanns und des Fremden auf dem Deck des Schiffes. Der Leser erfährt nichts von einer weiteren Aktivität der beiden Hauptpersonen. Weder wird erzählt, ob bzw. dass der neue Steuermann den Kurs des Schiffes ändert, noch erfahren wir, wohin sich der alte, abgesetzte Steuermann, der Ich-Erzähler, nach seiner schmachvollen, erniedrigenden Entmachtung begibt. Springt er über Bord, flüchtet er über die Schiffstreppe in den tiefer gelegenen Mannschaftsraum? Die beiden erzählten Figuren des Protagonisten und des Antagonisten sind vor der letzten Textzeile einfach aus der Bildfläche verschwunden. Beide haben sich nach dem Niedersteigen der Matrosen plötzlich aus der erzählten Wirklichkeit weggestohlen – ein Vorgang, der ebenso unerklärlich bleibt wie das rätselhafte Auftauchen des Fremden aus dem Nichts am Textanfang.

Auf den Abbruch des erzählten Geschehens folgen jedoch noch zwei seltsame Sätze: „Was ist das für Volk! Denken sie auch oder schlurfen sie nur sinnlos über die Erde?"

Der erste Satz klingt wie eine Frage, ist aber an dem Ausrufezeichen als Emphase zu erkennen; die Nachdrücklichkeit scheint sehr pejorisierend zu sein. Der Sprecher dieser Äußerung legt eine gehörige Portion Verachtung der so Beurteilten in seine Worte. Das wird durch die rhetorische Frage bestätigt, die der Emphase folgt und den Text abschließt. Der Sprecher bezweifelt die Denkfähigkeit der „sie" und hält ihr Erdendasein für sinnlos.

Ich habe nach dem vom Geist der Erzählung mitgeteilten Handlungsende mit Absicht nur von einem Sprecher gesprochen, und das hängt mit dem Personalpronomen „sie" des letzten Satzes zusammen, Wer sind diese „sie"? Darauf gibt es zwei Antworten.

Die nicht denken Könnenden und bloß „sinnlos über die Erde" Schlurfenden meint die Matrosen, die ihre Bewährung als „Kameraden" nicht bestanden haben, weil sie ihren Steuermann im Stich gelassen haben. Nähme man das an, wären die beiden letzten Sätze rhetorische Fragen des Steuermann-Ichs, der Ich-Erzähler artikulierte dann auf diese Weise in einer herabsetzenden Beurteilung seine Enttäuschung, seinen Ärger und seine Verachtung über das Verhalten seiner Besatzung. Bei dieser Annahme einer gesprochenen Rede vermisste man allerdings Anführungszeichen und Inquit-Formel, die beide für eine wörtliche Rede unabdingbar sind. Die grammatische Form der beiden Sätze (3. Pers. Ind. Präs.) spricht für die direkte Rede. Jede der vier Formen der nicht gesprochenen, stummen Rede (erlebte Rede, innerer Monolog, psycho-narration und stream of consciousness) kann man durch die grammatischen Verbformen ausschließen. Der Interpret müsste, wenn er Oratio directa annähme, allerdings die fehlenden Satzzeichen („...") und ein fehlendes Verbum dicendi oder sentiendi bemängeln. Da „gerade in diesem Text [...] sich aber alles realiter verstehen" lässt[44], müsste man sich überdies fragen, ob der fremde Usurpator der Befehlsgewalt dem von ihm mit Brachialgewalt Niedergerungenen danach noch die Gelegenheit gäbe, diesen Vorwurf an seine Mannschaft auszusprechen.

Die zweite Möglichkeit wäre, das „sie" auf die Matrosen und den Ich-Erzähler zu beziehen. Das hieße aber, dass die beiden Schlusssätze nicht vom Steuermann-Ich gesprochen sein könnten, sondern dass sie aus dem Mund eines plötzlich sich äußernden und in den Erzählzusammenhang eingreifenden auktorialen Erzählers flössen. Erzähltechnisch könnte ein allwissender Erzähler seine Meinung zu dem durch Figuren- und Erzählerrede dargestellten fiktiven Geschehen auf dem Schiffsdeck und zu der Auseinandersetzung zwischen dem Steuermann und dem Fremden bei gleichzeitiger Passivität der Stammbesatzung dergestalt äußern. Doch warum sollte er, so berechtigt sein Urteil über die Matrosen wäre, auch so negativ über den alten Steuermann sprechen? Zudem wechselte der reale Autor Kafka dann in den letzten beiden Sätzen vom personalen ins auktoriale Erzählverhalten.

Zusammenfassend muss ich eingestehen, dass es drei Stellen in der Parabel gibt, die bisher allen Deutungsversuchen widerstanden haben und unklar geblieben sind: die angedeutete Traumverscheuchung, das offensichtlich nicht zu der unmotivierten Mannschaft passende Adjektivattribut ‚mächtig' und der konkrete Bezug des „sie".

Trotz dieser drei Unklarheiten haben wir uns natürlich im Unterricht um eine (textimmanente) Deutung des Prosatextes bemüht. Ich habe meine Schüler auf Adornos „Aufzeichnungen zu Kafka" verwiesen: „Jeder Satz steht buchstäblich und jeder bedeutet. [...] Es ist eine Parabolik, zu der der Schlüssel entwendet ward; selbst der, welcher eben dies zum Schlüssel zu machen suchte, würde in die Irre geführt [...] Jeder Satz spricht: deute mich, und keiner will es dulden."[43]

Meine Schüler kennen meinen Spruch: repetitio est mater studiorum, deshalb haben wir auch für diesen Text noch einmal die mir wesentlich erscheinenden Punkte wiederholt, die zur Feststellung einer Parabel vorliegen sollten (ich habe dafür ein Reclamheft von Therese Poser benutzt[44]).

Von einer Parabel kann man m. E. sprechen, wenn folgende grundlegende Merkmale vorliegen:
  eine Parabel
- ist ein fiktionaler Text

- ist eine narrative Kurzform
- erzählt einen Sonderfall, einen interessanten Einzelfall, der oft ein überraschendes, erregendes, bis zum Ärgerlichen gehendes Moment enthält
- enthält nur ein Gesagtes in der erzählten Bildhälfte
- ist somit eine auf die Bildhälfte reduzierte Erzählung
- die Realbezüge des Erzählten stehen nicht für sich, sondern verweisen auf ein nicht erzähltes und nicht gesagtes Gemeintes
- enthält neben der Bildhälfte keine Sachhälfte
- es gibt keine auf diese Sachhälfte hinweisende Vergleichspartikel
- aus der Bildhälfte lassen sich nicht alle Teile des Gesagten auf die Sachhälfte übertragen
- das erzählte Geschehen (das Gesagte) hat also nicht in allen Punkten eine Entsprechung im übertragenen Sinn (in dem Gemeinten)
- das Bild steht nicht, wie im Gleichnis, neben, sondern statt der Sache
- als Verrätselung der Wirklichkeit muss die nicht genannte Sachhälfte erschlossen werden
- Analogie heißt Entsprechung, Ähnlichkeit, Gleichheit von Verhältnissen, Übereinstimmung, Anwendung auf einen ähnlichen Tatbestand
- ohne einen Analogieschluss, die Entschlüsselung des Gesagten, bleibt die Bildhälfte unverständlich
- hat einen Appellcharakter, sie bedarf der Deutung und will Denkvorgänge auslösen
- kann transzendentale, mitunter auch offen religiöse Bezüge haben.

Ich habe dann im Unterricht auch das folgende kurze Tafelbild wiederholt:

Eine Parabel
* ist eine epische Kurzform
* ein ärgerlicher Sonderfall wird erzählt
* die Bildhälfte (das Gesagte) bedarf einer auslegenden Deutung (das Gemeinte)
* im Gegensatz zum „verständlichen" Vergleich und Gleichnis fehlen der zunächst „unverständlichen" Parabel jegliche Vergleichspartikel
* das Tertium comparationis liegt in e i n e m Punkt
* ein transzendenter und/ oder religiöser Bezug k a n n erkennbar sein

---

Wenn ich von dieser meinen Oberstufenschülern vermittelten Parabeldefinition ausgehe, wird auch in der Bildhälfte von „Der Steuermann" ein konkreter Einzelfall erzählt, der zudem ärgerlich ist, weil der Protagonist, ohne dass er vom Kurs abgekommen oder das Schiff durch sein Verschulden in schwere Wasser geraten wäre, von dem Fremden einfach ausgebootet wird.

Gleichwohl lässt sich das Widersprüchliche, Zwei- oder Vieldeutige aus der Bildhälfte vereindeutigen und das bildlich Vordergründige auf das eigentlich Hintergründige reduzieren. Ob der Sinn einer Parabel erfasst wird, der Rezipient also aufmerkt, dass er das in der Bildhälfte Gesagte auf eine andere geistige Ebene übertragen muss, hängt von seiner Fähigkeit zur Analogie ab, von seinem Textmusterwissen, seinem allgemeinen Weltwissen, seinen Vorkenntnissen, seinem Bildungshorizont, also von seinem Hintergrundwissen.

Bevor ich nun darlege, wie wir im Unterricht den konkreten Einzelfall (das Gesagte, das Wörtliche) gedanklich abstrahiert, das Gemeinte, das Übertragene gefunden und formuliert, d. h. das in eine Chiffre Gekleidete dechiffriert und entziffert haben, möchte ich zuvor noch auf einen interessanten Aufsatz von Ulrich Gaier hinweisen mit dem verwirrenden Titel „Chorus of lies – on interpreting Kafka"[45], anhand dessen ich die These des mittlerweile emeritierten Konstanzer Germanisten belegen könnte, viele Deutungen Kafkas thematisierten nur seine „Unauflösbarkeit"[46]. Gaier beschäftigt sich in dieser Abhandlung mit Kafkas Parabel „Der Aufbruch" und stellt mehrere Deutungen (allegorische, marxistische, philosophische, psychologische, theologische usw.) vor.

Gaier zeigt mit den „unterschiedlichen Möglichkeiten der Auslegung, die teils nicht nur nebeneinander, sondern auch oft schroff gegeneinander stehen, dass jede dieser Deutungen möglich ist und dass jede mehr oder weniger alle Fakten der Erzählung in ihre Analyse einbezieht."[47] Er kommt zu dem Schluss, „dass keine besondere Interpretation die allein richtige sein kann, dass vielmehr alle spezifischen Interpretationen, die mit den Daten der Erzählung übereinstimmen, in gleicher Weise berechtigt sind. Die Richtigkeit jedes Ergebnisses erweist sich so begrenzt wie der Aspekt, unter dem es gewonnen wurde.[48]

Gaier nennt Kafkas eigene Überlegungen als Ursprung seiner gewählten, anfangs etwas provokant wirkenden Überschrift und zitiert ihn aus dem Nachlass: „Das, was man ist, kann man nicht ausdrücken, denn dies ist man eben: mitteilen kann man nur das, was man nicht ist, also die Lüge. Erst im Chor mag eine gewisse Wahrheit liegen."[48] Gaier plädiert daher „für einen Pluralismus toleranter Interpretationen."[47] Er meint damit, jede einseitige Deutung sei unvollständig und bedürfe der Ergänzung durch andere mögliche Blickrichtungen, „erst im Chor mit ihnen" sei „eine gewisse Wahrheit zu konstituieren."[48] Ein begrenzter Zugriff sei damit das, was Kafka eine Lüge nennt."[48]

Ich will deshalb nur eine kleine „Lüge" beisteuern, wohl wissend nach Gaiers Ausführungen, dass auch zutreffende, von mir gefundene biographische Entsprechungen nur e i n e Stimme in dem „Chor" sein können.

Ich bin geneigt, den „Steuermann" als Topos zu begreifen[49], als ein vorgeprägtes Bild der „Lebensfahrt auf dem Meer der Welt"[50].

Der Emeritus Gerhard Kurz (Uni Gießen) hat in seinem Nachwort zu den Erzählungen Kafkas, die er mit Michael Müller in ihren Reclamband aufgenommen hat, betont: „Auffallend ist in Kafkas poetischem Inventar die Wiederkehr von einzelnen Metaphern, Motiven und Figuren."[51] „Zu den wichtigsten Motiven gehören das Motiv der Lebensreise, mit den Varianten der Wanderung, des Wegs, des Ausflugs und Aufbruchs, des Ritts, der Fahrt und das Motiv des Theaters."[52] Auch Hartmut Binder spricht in Zusammenhang mit dem „Nächsten Dorf" „von der ihr Ziel nie erreichenden Lebensfahrt"[53] des jungen Reiters.

Unter Topos versteht man seit dem romanistischen Gründungsvater der modernen Topos-Forschung Ernst Robert Curtius[54] feste Denkfiguren, überlieferte Bildformeln, Vorstellungsbilder und Darstellungsweisen, „die oft schon seit der Antike als kultureller Gemeinbesitz tradiert und dabei immer wieder abgewandelt werden."[55] Ohne auf die Abgrenzung zu Stoff und Thema oder auf die Differenzierung in Rand-, Neben-, Leit- oder blinde Motive einzugehen[56], könnte ich auch von einem Motiv sprechen. Ein Motiv ist die „kleinste bedeutungsvolle Einheit eines literarischen Textes",[57] Elisabeth Frenzel hat das Motiv als „kombinationsfähige[n] Bestandteil eines Stoffes"[58] bezeichnet, der nicht an Namen oder Ereignisse und nicht an eine literarische Gattung gebunden sei.

Das Wege-Motiv/ Der Wege-Topos (manche Autoren sprechen auch von einer Wege-Metapher[59]) begegnet uns schon im Alten Testament. Ich zitiere den Anfang des Psalms 23, 1-4 in der Lutherübersetzung: „Der Herr ist mein Hirte, mir wird nichts mangeln. Er weidet mich auf einer grünen Aue und führet mich zum frischen Wasser. Er erquicket meine Seele, er führt mich auf rechter Straße um seines Namens willen. Und ob ich schon wanderte im finstern Tal, fürchte ich kein Unglück [...]."

Das gleiche Motiv kann mit unterschiedlichen Elementen gefüllt bzw. nach Frenzel kombiniert (umgestaltet, gekürzt, erweitert usw.) werden: der alttestamentliche Pfad, so formuliert die Pattloch-Bibel, als Lebensweg kann in den maritimen Bereich führen, wo er dann zur „Lebensfahrt auf dem Meer der Welt" wird. Der an der FU Berlin lehrende Christoph Hönig hat mit einer einleuchtenden Formulierung gesagt, „im nautischen Bildbereich [kreuze] seit alters eine kleine Flotte bedeutungsbefrachteter Schiffe: das Staats-, Gesellschafts-, Menschheits-, Kirchen-, Narren-, Geister- und Lebensschiff."[60] Doch nur bei dem Lebensschiff diene die Mannschaft nicht als „Gesellschaftsmodell". In dieser Variante des Topos „wird das Schiff mit Steuermann zur Daseinsmetapher des Menschen schlechthin."[60]

Ich mache hier einen Sprung aus dem Alten Testament in die Zeit des Dreißigjährigen Krieges; Andreas Gryphius wandelt das Motiv in seinem Sonett „An die Welt" (1643) so ab:

> „Mein oft bestürmtes Schiff, der grimmen Winde Spiel,
> Der frechen Wellen Ball, das schier die Flut getrennet,
> Das über Klipp auf Klipp und Schaum und Sand gerennet,
> Kommt vor der Zeit an Port, den meine Seele will."[61]

Der Wege-Topos tritt in diesem barocken Gedicht abgewandelt als Navigatio vitae auf, das Schiff fährt den Einzelnen auf dem Meer des Lebens (Lebensfahrt = Lebensweg) in die Seligkeit; der Port (Hafen) ist das ersehnte Ziel des bildlich per navigationem in huius vitae mari zurückgelegten Lebensweges. Gryphius bedient sich auch hier der alten Schiffsmetapher. In der biblischen Geschichte von Noah, erzählt im 1. Buch Mose, erhält das Schiff (in der Genesis die Arche) seinen Sinn als Lebensschiff. Eine Abwandlung ins Politische erfährt die Metapher, wenn Sophokles in seinem Drama „König Ödipus" oder Horaz in seinen „Carmina" vom Staatsschiff sprechen.

Auch Kafka verwendet dieses Motiv. Der Jäger Gracchus gelangt auf einer Barke, die an das antike Totenfloß erinnert, in ein Fischerdorf und erzählt dort dem Bürgermeister: „Mein Todeskahn verfehlte die Fahrt, eine falsche Drehung des Steuers, ein Augenblick der Unaufmerksamkeit des Führers, eine Ablenkung durch meine wunderschöne Heimat, ich weiß nicht, was es war, nur das weiß ich, dass ich auf der Erde blieb und dass mein Kahn seither die irdischen Gewässer befährt."[62] Der Jäger sagt noch: „So reise ich, der nur in seinen Bergen leben wollte, nach meinem Tode durch alle Länder der Erde."[62]

Eine Selbstfindung, oder besser: der steinige Weg dorthin scheint sich auch in Kafkas nicht-literarischen Äußerungen zu spiegeln. So schreibt er, nachdem er am 12. Juli die erste Verlobung mit Felice gelöst hat, aus dem dänischen Badeort „Marienlyst, Mitte Juli 1914" an seine Eltern und beklagt sich in dem Brief, dass er „bis jetzt in Unselbständigkeit und äußerlichem Wohlbehagen aufgewachsen" sei. Er ist damals 31 Jahre alt. „Ich habe nichts zu riskieren und alles zu gewinnen, wenn ich kündige und von Prag fortgehe. Ich riskiere nichts, denn mein Leben in Prag führt zu nichts Gutem."[63]

Bekanntlich hat Kafka bei der Arbeiter-Unfall-Versicherungsanstalt nicht gekündigt, und auch die danach im Brief angekündigte Übersiedelung nach „irgendwo in Deutschland, in Berlin oder in München" hat er trotz dieses Aufbruchswunsches nicht verwirklicht.[64]

Am 29. Oktober 1921 bekennt er in einer Tagebucheintragung: Das „Grenzland zwischen Einsamkeit und Gemeinschaft habe ich äußerst selten überschritten, ich habe mich darin sogar mehr angesiedelt als in der Einsamkeit selbst. Was für ein lebendiges schönes Land war im Vergleich hierzu Robinsons Insel."[65]

„Gegen Ende seines Lebens, als sich abzeichnete, dass ihm nicht mehr viel Zeit vergönnt sein würde, hatte auch Kafka immer stärker das Gefühl, den falschen Weg gegangen zu sein, als Schriftsteller eine Scheinexistenz geführt und eigentlich gar nicht gelebt zu haben. Die Formulierung, den falschen Weg gegangen zu sein, reichte seiner Meinung nach noch nicht einmal aus, um das zu charakterisieren, was er in den vierzig Jahren, die hinter ihm lagen, getan hatte. Er hatte den Weg gewählt, der dem richtigen genau entgegengesetzt gewesen war."[66] Denn er war nicht in das Gelobte Land gelangt, sondern im Gegenteil in die Wüste. „Ich bin vierzig Jahre aus Kanaan ausgewandert ..." – diese bittere Erkenntnis trägt er am 28. Januar 1922, zwei Jahre vor seinem Tod, in sein Tagebuch ein.[66] Er sagt von diesem Weg: „Es ist wie die umgekehrte Wüstenwanderung." Inzwischen sei er „schon längst in der Wüste", während „Kanaan sich als das einzige Hoffnungsland" darstelle, „denn ein drittes Land gibt es nicht für die Menschen."[67]

Ich neige also dazu, die kurze Navigatio vitae des Steuermannes dem Wege-Topos zu subsumieren, d. h. seine Schiffsfahrt als Lebensreise zu verstehen. Das Bild des Lebenslaufes findet sich bei Kafka immer wieder. Ich denke da an die Maus in der „Kleinen Fabel", die auf ihrer Navigatio vitae, dem Wanderweg durch ihr determiniertes Leben, sich nicht entscheiden kann, weil sie den richtigen Weg nicht kennt, die falsche Richtung einschlägt und dann im Maul der Katze endet. Hartmut Binder sagt dazu ganz deutlich, „Laufrichtung" bedeute „soviel wie Richtung des Lebenslaufes."[68] Ebenso schreibt K. H. Fingerhut, die Maus-Parabel sei „ein in Handlung umgesetztes Bild des menschlichen Lebenslaufes."[69]

Ich verzichte hier darauf, weitere Texte Kafkas zu nennen, in denen er die Schwierigkeit thematisiert, „den <wahren Weg> zu finden, und dieser wahre Weg steht [immer!!!] für den Lebensweg."[70] Stattdessen möchte ich erklären, was das Wege-Motiv des vorliegenden Textes kennzeichnet.

Wenn ein Dichter das Motiv der Lebensreise gestaltet und dazu die Variante der „Lebensfahrt auf dem Meer" wählt, stehen ihm viele nautische Bilder zur Verfügung, die er aufgrund eigener Erlebnis- und Erfahrungsgehalte unterschiedlich kombinieren und bewusst formen kann. Zu den tradierten Elementen des Seefahrt-Topos gehören eigentlich: Meer, Schiff, Steuermann, Hafen, Sturm und Schiffbruch, um nur die bekanntesten zu nennen. Bei Kafkas Text fällt sofort ins Auge, welche der möglichen Bildelemente des Topos fehlen. Auffallend ist, dass Meer und Schiff keine Erwähnung finden, es gibt keinen Heimat- und Zielhafen, auch hören wir nichts von widrigen Winden, einem Unwetter oder irgendwelchen Stern- oder Seezeichen. Lediglich die drei Nomina Steuermann, Steuerrad und Schiffstreppe verweisen auf eine Navigatio. Von der „Lebensfahrt auf dem Meer" – eine solche wird ja in der

Bildhälfte erzählt – macht Kafka nur extrem lakonische Aussagen. Ich könnte hier auch von einem Lapidarstil sprechen: der Knappheit des Ausdruckes fällt alles schmückende maritime Beiwerk zum Opfer. Die brachylogische Sprechweise (lat. Brevitas: Kürze) des Dichters verzichtet auf eine umfangreiche Ausschmückung der Situation durch detaillierte Beschreibungen, denn kurz, einfach und den Kern treffend konfiguriert Kafka in diesem Text die „Figur des S c h e i t e r n d e n."[71]

Der „Steuermann" ist eine der Erzählungen Kafkas, „in denen [...] die ihm nur zu vertrauten Konflikte, Ambivalenzen, Widersprüche, Sehnsüchte und Vergeblichkeiten seiner vorwiegend versagenden und scheiternden Hauptgestalten dem Leser [...] nahegebracht werden."[72] Die „Erfahrung des Scheiterns" heben auch Juliane Blank im Kafka-Handbuch und Peter-André Alt in seiner Kafka-Biographie hervor.[73]

Kafka zeigt aus meiner Sicht in vielen seiner Parabeln in immer neuen Versuchen das prinzipiell immergleiche Scheitern des Individuums. Insofern weisen viele Erzählungen Kafkas, die ich im Unterricht der Oberstufe besprochen habe, eine aporetische Struktur[74] auf, wenn ich das aus dem Griechischen stammende Nomen Aporie richtig verstehe als die „Unmöglichkeit, in einer bestimmten Situation die richtige Entscheidung zu treffen oder zu einer passenden Lösung zu finden."[75]

Etymologisch setzt sich das Wort Aporie nämlich zusammen aus dem Nomen hò póros: Weg, Pfad, Brücke und einem Alpha privativum, so dass die wörtliche Übersetzung bedeutete: Weglosigkeit, Ausweglosigkeit. Kröners Philosophisches Wörterbuch erklärt daher Aporie auch als „Unmöglichkeit, zur Auflösung e. Problems zu gelangen, weil in der Sache selbst oder in den verwendeten Begriffen Widersprüche enthalten sind. [76]

Das „Motiv der Ausweglosigkeit"[77] sieht Susanne Kaul allenthalben in Kafkas Texten. Sie findet es im „Urteil", wo der Vater seinen Sohn Georg zum Tode durch Ertrinken verurteilt und dieser daraufhin von einer Brücke springt. Auch das Mäuschen in der „Kleinen Fabel" weiß im letzten Zimmer mit der Falle im Winkel keinen Ausweg und wird von der Katze gefressen. „Kafkas Protagonisten stehen fast immer allein da."[78] Hartmut Binder spricht von einer „Vereinsamung der Helden[79] – auch der Steuermann wird alleingelassen „von den Kameraden, [...], weil sie sich nicht exponieren wollen."[79]

Während „K. [...] im Schloss um Selbstbehauptung [kämpft], das heißt um seine Stellung innerhalb einer Gesellschaft, der er sich als ein Fremder aufnötigt"[78], fehlen dem Steuermann die Fähigkeit und wohl auch der Wille, sich im Konflikt mit dem Fremden zu behaupten. Er ist sich seiner Rechte auf dem Schiff vielleicht bewusst, ist aber nicht in der Lage, diese deutlich zu machen, sprich: dem Fremden aktiv entgegenzutreten. Seinen von dem Fremden bezweifelten Anspruch, Steuermann zu sein, vermag er gegenüber der Gewalt des Antagonisten nicht durchzusetzen und den Eindringling in die Schranken zu weisen.

Der Steuermann besitzt kein Durchsetzungsvermögen. Schon seine erste Wortäußerung „Bin ich nicht Steuermann?" zeigt trotz ihres rhetorischen Charakters für mein Empfinden eine leichte Unsicherheit. Die fehlende Selbstsicherheit und das angeschlagene Selbstwertgefühl zeigen, dass das Steuermann-Ich aus psychologischer Sicht keine positive Identität besitzt. Der Psycho-Brockhaus bemerkt dazu: "Ist die Ich-Identität einer Person wenig ausgeprägt, so erlebt diese sich als wenig integriert, sondern mehr mit inneren Widersprüchen, inneren Spannungen und einem stärker schwankenden Selbstsicherheitsgefühl belastet." Wenig später heißt es: „Durch ungünstige Einflüsse in der Kindheit kann die Identitätsentwicklung gestört werden."[80] Die Verunsicherung des Steuermanns, seine fehlende Ich-Stärke, seine

Machtlosigkeit gegenüber der von dem Fremden gezeigten Stärke und auch letztendlich sein Versagen (Scheitern) lese ich daher einmal als Folge einer freudlosen Kindheit, und in der ihn selbst erniedrigenden, ohnmächtigen Hilflosigkeit sehe ich eine teilweise Spiegelung derjenigen Gefühle, die Kafka in seinem „Brief an den Vater" zum Ausdruck gebracht hat. Der Fremde trägt gewisse Züge der „Figur des drohenden und verurteilenden Vaters."[81]

Alt spricht daher von einem „Stigma der Erinnerung, welche die Prägungen der Kindheit in unverlierbaren Schreckbildern festhält. Der Sohn kann nicht erwachsen werden, weil ihn die Angst beherrscht, die ihn unaufhörlich als das Signum seiner Identität begleitet. In ihr manifestiert sich das Trauma der frühkindlichen Erfahrung, das durch Kafkas Brief [...] reflektiert wird.[82]

Ähnlich urteilt auch Kurt Rothmann: „Das stilisierte biographische Trauma kehrt in Kafkas Dichtungen als demütiges Verhalten rettungslos unterlegener Helden gegenüber undurchschaubaren Mächten wieder."[83]

Auch wenn Alts Behauptung stimmt, dass „elementare[n] Gefühle der hilflosen Ohnmacht [...] Kafkas Selbstwahrnehmung" determinieren[82] und sich in seinen Texten wiederfinden, warnt Susanne Kaul: „Das Verhältnis zum Vater ist tatsächlich eine Deutungsfolie, die in mancher Hinsicht die Texte zu verstehen hilft, aber diese sind freilich viel zu aspektreich und rätselhaft, um sich in der Funktion zu erschöpfen, in diesem Sinne eine ausbuchstabierte Metapher zu sein."[84]

Ich halte daher fest, dass im „Steuermann" die Hauptfigur einsam ist und gegen eine mächtigere Gegenfigur kämpft, der Antagonist zeigt dem Steuermann aber schnell, dass er keinen Anspruch auf das Steuerrad mehr hat. Er löst den Machtanspruch des Ichs auf, indem er es niederringt und vom Steuer vertreibt. Binder nennt die Situation an Bord des Schiffes „eine Grundfiguration Kafkascher Geschichten"[85] und fährt fort, die darin auftretenden Gegenspieler bezögen sich „funktional auf die Hauptfigur" und gäben dadurch „Interpretations- und Charakterisierungshinweise" auf diese.[85] Er folgert daraus, man könne den Kampf um das Steuerrad zwischen dem alten Steuermann und dem Fremden als „veräußerlichte Figuration[en] der Psyche der Hauptfigur"[86] ansehen.

Ich verstehe Binder infolgedessen so, dass der reale Autor (Kafka) seelische Vorgänge im Steuermann-Ich, die der Narrator wegen der von ihm gewählten Außenperspektive ja nicht kennen kann, in der Figur des Fremden auf dem Deck „personifiziert". Somit wäre der Fremde ein „Reflex" der dem Steuermann innewohnenden Bewusstseinsinhalte. Die Aufspaltung in zwei Personen, nämlich die Figur des Prot- und des Antagonisten, wäre dann ein „Mittel zur narrativen Inszenierung ihrer Innenwelt."[86]

Ich komme nun wieder auf die Navigatio vitae zurück. Ein Steuermann bestimmt mit seinem Steuerrad den Kurs seines Schiffes. Wenn der bei Annahme des Wege-Motivs für den Lebensweg steht, komme ich bei dem Versuch, die vieldeutige Bildhälfte zu vereindeutigen, zu folgenden denkbaren Formulierungen des aus der Parabel zu erschließenden T e r t i u m c o m p a r a t i o n i s :

- ein Ich glaubt aufgrund seiner Fähigkeiten seinen Lebensweg selbst bestimmen zu können, kann sich aber gegen einen unbekannten Mächtigeren nicht behaupten.
- ein Ich wird von einem Durchsetzungsfähigeren daran gehindert, seinen Lebensweg selbst zu gestalten.

- ein schwächeres Individuum ringt mit einem stärkeren um die Gestaltung seines Lebensweges und unterliegt.
- oder noch kürzer als Nominalphrase: die einem hilflosen Ich von einem Stärkeren genommene Planung seines Lebens.

Walter H. Sokel hat schon zu Anfang der sechziger Jahre in Kafkas Werken eine „Projektion seines inneren Lebens" gesehen, er schreibt: „Thema dieses Schreibens war die Beziehung des Ichs zum Vater, ins Allgemeine erweitert, die immer wieder neu gestaltete Beziehung eines machtlosen Ichs zu einer überwältigenden Macht."[87]

„Liebster Vater, Du hast mich letzthin einmal gefragt, warum ich behaupte, ich hätte Furcht vor Dir."[88] So beginnt der „Brief an den Vater". Carsten Schlingmann geht in „Literaturwissen" ein auf diesen Brief und den gescheiterten Versuch Kafkas, Julie Wohryzek zu heiraten. Er führt aus: „Nicht ein tatsächliches Verbot des Vaters (noch dazu gegenüber einem Sechsunddreißigjährigen ausgesprochen), sondern die eigene Angst vor der Ehe ließen Kafkas Heiratsversuch scheitern. Diese Angst aber, das ist gleichsam eine These des Briefes, ist Teil der vom Vater in ihm erzeugten Schwäche, Unsicherheit und „Selbstmissachtung", und insofern ist die Heirat nach Kafkas Meinung eben doch am Vater gescheitert."[89]

Binder weist in seinem Handbuch auch auf eine psychoanalytische Interpretation hin[90], die Albert M. Reh 1971 vorgelegt und die in den neunziger Jahren eine Art Wiederauferstehung gefeiert hat. Johannes Pfeiffer (Pädagogische Hochschule Freiburg)[91] referiert die Gedankengänge Rehs, der den Text als „Mimesis der Wirklichkeit des Unbewussten" versteht und in den erzählten Figuren „Teile ein und derselben individuellen Psyche [sieht]: Dem Ich des Steuermanns stünden so der Fremde als Über-Ich und die Mannschaft als Es gegenüber. Das Über-Ich übernimmt das Steuer und wird dabei von dem Es unterstützt, das dem Appell des Ich nicht mehr Folge leistet."[90] Pfeiffer legt dar, Kafkas Texte kreisen „um die Machtlosigkeit des Individuums, ja, letzten Endes um das Verschwinden des bürgerlichen Subjekts. [...] Implizit übt Kafka damit Kritik an der bürgerlichen Ideologie, die sich als unfähig erwies, die Ideale der Aufklärung einzulösen."[91] Pfeiffer sieht das „schrittweise Verschwinden des Subjekts" vorgeführt an dem „Abbau des Namens als Ausdruck persönlicher und sozialer Identität: von *Karl Rossmann* im ersten Roman *Der Verschollene* führt der Weg zu *Josef K.* im *Proceß*, der Name der Hauptfigur im *Schloß*-Roman ist auf ein einziges Initiale (sic!) reduziert: der Landvermesser heißt nur noch *K.*"[91]

Auf Albert M. Reh greift auch Hans H. Hiebel zurück, Emeritus der Universität Graz; seine Habilitationsschrift trägt den Titel „Franz Kafka. Konfigurationen des Rechts, der Macht und des Begehrens" (Erlangen 1985). In einem Werk von 1999 schreibt er über „Psychoanalyse von Kafkas Texten oder Psychoanalyse in Kafkas Texten?"[92] Hier analysiert er den „Steuermann" und reflektiert über Möglichkeiten und Grenzen psychoanalytischer Literaturbetrachtung. Hiebel ist Vertreter einer strukturalen Erzählanalyse, die auf dem französischen Strukturalismus (Lacan, Barthes, Foucault, Derrida) beruht; ich erwähne ihn, weil er aus meiner Sicht das zum Teil Fragwürdige des Rehschen Ansatzes mit dessen eigenen Zitaten belegt: der Steuermann-Text „sei zwar nicht <als Traum> zu deuten und misszuverstehen, sei aber doch in der Weise, <wie man einen Traum> verstehen würde, zu interpretieren." Hiebel gibt Rehs tentative Deutung wieder: „Man kann mit einigem Recht in der Mannschaft, dem Steuermann und dem Fremden auch das Volk, die legitime Staatsregierung und einen Usurpator bzw. einen Diktator sehen."[92] Binder weist jedoch darauf hin, dass namhafte Kafka-Interpreten die „von Reh vertretene Auffassung des Über-Ich als prophetische Vorwegnahme des Nazismus" ablehnen.[90] Ich habe in meinen Unterricht sowohl die strukturalistische als auch die psychoanalytische Deutung nicht eingebracht, weil ich stellenweise deren Logik nicht folgen konnte, und mich mehr an das von P. U. Beicken gesehene „Ausgeliefertsein des Individuums an eine Macht" gehalten.[90]

Anmerkungen

1) Franz Kafka, Gesammelte Werke, hg. v. Max Brod, Fischer: Frankfurt/ M. 1950 – 1974, hier in: Beschreibung eines Kampfes. Novellen. Skizzen. Aphorismen aus dem Nachlass, o. J. (1954), S. 89 und: Franz Kafka, Sämtliche Erzählungen, hg. v. Paul Raabe, Fischer: Frankfurt/ M. 1970, S. 319 (Fischer-Bücherei Bd. 1078)
2) Kafka-Handbuch. Leben – Werk – Wirkung, hg. v. Manfred Engel und Bernd Auerochs, Metzler: Stuttgart und Weimar 2010, S. 88 (im Folgenden: KHb)
3) Editionen für den Literaturunterricht, hg. v. Dietrich Steinbach: Peter Beicken, Franz Kafka. Leben und Werk, Klett: Stuttgart 1986, S. 120
4) Raabe, S. 404
5) Kafka-Handbuch in zwei Bänden, hg. v. Hartmut Binder, Bd. 2: Das Werk und seine Wirkung, Kröner: Stuttgart 1979, S. VII-IX
6) KHb, S. 88
7) Beicken, S. 104
8) Kafka-Handbuch in zwei Bänden, hg. v. Hartmut Binder, Bd. 1: Der Mensch und seine Zeit, Kröner: Stuttgart 1979, S. 533
9) Beicken, S. 126 f.
10) Binder 1, S. 544
11) Beicken, S. 130
12) Peter-André Alt, Franz Kafka. Der ewige Sohn. Eine Biographie, Beck: München [2]2008, S. 563
13) KHb, S. 294
14) Binder 2, S. 519-539; und: KHb, S. 293-301
15) Beicken, S. 133
16) Alt, S. 564
17) Beicken, S. 130
18) Alt, S. 565
19) Alt, S. 535
20) Alt, S. 537
21) Alt, S. 535-562
22) Alt, S. 544
23) Beicken, S. 134
24) Beicken, S. 136; das Kuss-Zitat Kafkas ist nachlesbar in: Franz Kafka, Briefe an Milena, hg. v. Jürgen Born und Michael Müller, Fischer: Frankfurt/ M. 2011 (Fischer-Taschenbuch Bd. 5307)
25) Beicken, S. 135
26) KHb, S. 346
27) KHb, S. 347
28) Alt, S. 569
29) Binder 2, S. 374
30) KHb, S. 456
31) Jochen Vogt, Aspekte erzählender Prosa. Eine Einführung in Erzähltechnik und Romantheorie, Westdeutscher Verlag: Opladen [8]1998
32) a. a. O., S. 66
33) a. a. O., S. 67
34) a. a. O., S. 71
35) Thomas Mann, Bekenntnisse des Hochstaplers Felix Krull. Der Memoiren erster Teil, Fischer: Frankfurt/ M. [49]2007, S. 27 (Fischer-Taschenbuch Bd. 9429)
36) KHb, S. 197

37) Franz K. Stanzel, Typische Formen des Romans, Vandenhoeck & Ruprecht: Göttingen [10]1981, S. 26 (Kleine Vandenhoeck-Reihe Bd. 1187)
38) Jürgen H. Petersen, Erzählerische Texte, in: Dieter Gutzen/ Norbert Oellers/ Jürgen H. Petersen, Einführung in die neuere deutsche Literaturwissenschaft. Ein Arbeitsbuch, Erich Schmidt Verlag: Berlin [6]1989, S. 20
39) Petersen, S. 21
40) Hans Jürgen Heringer, Grammatik und Stil. Praktische Grammatik des Deutschen, Cornelsen-Hirschgraben: Frankfurt/ M. 1989, S. 252
41) Thomas Mann, Der Erwählte. Roman, Fischer: Frankfurt/ M. 1998, S. 7 f. (Fischer-Taschenbuch Bd. 9426)
42) Jochen Vogt, Darbietungsformen, Erzählweisen, Redeformen, in: Studientexte für die Kollegstufe: Erzählen 1 (Erzähltheorie), hg. v. Gerhard Köpf und Helmut Popp, Oldenbourgh: München 1978, S. 35 f.
43) a. a. O., S. 99
44) Binder 2, S. 374
43) Theodor W. Adorno, Aufzeichnungen zu Kafka, in: Franz Kafka. Neue Wege der Forschung, Wissenschaftliche Buchgesellschaft: Darmstadt 2006, S. 21
44) Arbeitstexte für den Unterricht: Parabeln, für die Sekundarstufe hg. v. Therese Poser, Reclam: Stuttgart 1978 (RUB Bd. 9539)
45) Ulrich Gaier, Chorus of lies – on interpreting Kafka, in: German Life and Letters, XXII, 1969, S. 283-296; die mir vorliegende Übersetzung in: Erwin Leibfried, Interpretationen, Bayerischer Schulbuchverlag: München 1977, S. 17-22
46) Binder 2, S. 60
47) Leibfried, S. 21
48) a. a. O., S. 22
49) Gero von Wilpert, Sachwörterbuch der Literatur, Kröner: Stuttgart [6]1979, S. 843 f.
50) Christoph Hönig, Die Lebensfahrt auf dem Meer der Welt. Der Topos. Texte und Interpretationen, Königshausen & Neumann: Würzburg 2000, S. 107-112
51) Franz Kafka, Erzählungen, hg. v. Michael Müller, Nachw. v. Gerhard Kurz, Reclam: Stuttgart 1995, S. 357 (RUB Bd. 9426)
52) a. a. O., S. 359
53) Binder 2, S. 213
54) Ernst Robert Curtius, Europäische Literatur und lateinisches Mittelalter, Francke: Tübingen und Basel [11]1993
55) Hönig, S. 10
56) von Wilpert, S. 525 f.
57) Metzler-Lexikon Literatur, begr. v. Günther und Irmgard Schweikle, hg. v. Dieter Burdorf/ Christoph Fasbender/ Burkhard Moennighoff, Metzler: Stuttgart und Weimar [3]2007, S. 514
58) Elisabeth Frenzel, Vom Inhalt der Literatur. Stoff – Motiv – Thema, Freiburg 1980
und: Elisabeth Frenzel, Motive der Weltliteratur [1976], Stuttgart [5]1999
59) Hönig, S. 11 f.
60) Hönig, S. 29
61) Andreas Gryphius, Gedichte. Eine Auswahl, hg. v. Adalbert Elschenbroich, Reclam: Stuttgart 1968, S. 9 (RUB Bd. 8799)
62) Franz Kafka, Sämtliche Erzählungen, hg. v. Paul Raabe, Fischer: Frankfurt/ M. 1970, S. 287 (Fischer-Bücherei Bd. 1078)
63) Franz Kafka. Zu seinem fünfzigsten Todestag: Die Axt und das gefrorene Meer in uns, Informationen v. Marcel Reich-Ranicki, in: FAZ Nr. 126 vom 01.06.1974
64) Binder 2, S. 13
65) rezitiert nach: Literaturlexikon. Autoren und Begriffe. Mit dem Besten aus der ZEIT, Band 2, Metzler: Stuttgart 2008, S. 553
66) Binder 2, S. 383 f.
67) zitiert nach: www.projekt gutenberg. de
68) Binder 2, S. 150
69) Karl Heinz Fingerhut, Die Funktion der Tierfiguren im Werk Franz Kafkas, Bouvier: Bonn 1969, S. 171
70) Michael Müller, Kleine Fabel – Gib's auf!, in: Interpretationen: Franz Kafka. Romane und Erzählungen, hg. v. Michael Müller, Reclam: Stuttgart 2003, S. 374 (RUB Bd. 17521)
71) Beicken, S. 119

72) Beicken, S. 9

73) KHb, S. 220 und: Alt, S. 568

74) Peter Bekes, Verfremdungen. Parabeln von Bertold Brecht, Franz Kafka, Günter Kunert, in: Anregungen für den Literaturunterricht, hg. v. Dieter Steinbach, Klett: Stuttgart 1988, S. 15

75) Der Große Duden, Band 5: Fremdwörterbuch, hg. v. Karl Heinz Ahlheim, Bibliographisches Institut: Mannheim-Wien-Zürich ²1966, S. 61

76) Philosophisches Wörterbuch, begr. v. Heinrich Schmidt, neu bearb. v. Georgi Schiskoff, Kröner: Stuttgart 1978, S. 29

77) Kaul, S. 46

78) Kaul, S. 42

79) Binder 2, S. 374

80) Der Brockhaus: Psychologie. Fühlen, Denken und Verhalten verstehen, hg. v. der Lexikonredaktion des Verlags F. A. Brockhaus, Mannheim, Wissenschaftliche Buchgesellschaft: Darmstadt 2001, S. 258 und S. 260

81) Kaul, S. 23

82) Alt, S. 564 f.

83) Kurt Rothmann, Kleine Geschichte der deutschen Literatur, Reclam: Stuttgart ¹⁹2009, S. 261 (HC 10707 und RUB Bd. 17676)

84) Kaul, S. 24

85) Binder 2, S. 127

86) Binder 2, S. 129

87) Walter H. Sokel, Franz Kafka. Tragik und Ironie. Zur Struktur seiner Kunst, Fischer: Frankfurt/ M. 1976, S. 7 (Fischer-Taschenbuch Bd. 1790)

88) Franz Kafka, Gesammelte Werke, hg. v. Max Brod, Fischer: Frankfurt/ M. 1950 – 1974, hier in: Hochzeitsvorbereitungen auf dem Lande und andere Prosa aus dem Nachlass, o. J. (1953), S. 119

89) Literaturwissen für Schule und Studium: Carsten Schlingmann, Franz Kafka, Reclam: Stuttgart 1995, S. 152 (RUB Bd. 15204)

90) Binder 2, S. 374

91) http://home.ph-freiburg.de/pfeifferfr/kafka.htm - mögliche Schreibweise: entweder *ein einziges Initial* oder *eine einzige Initiale* - Pfeiffers Ausführungen über die Erschütterung des Subjekts finden sich auch in: Martina Neumeyer (Hrsg.), Wege der Moderne, Pustet-Verlag: Regensburg 1997, S. 179-195

92) Hans H. Hiebel, Franz Kafka. Form und Bedeutung. Formanalyse und Interpretationen von „Vor dem Gesetz", „Das Urteil", „Bericht für eine Akademie", „Ein Landarzt", „Der Bau", „Der Steuermann", „Prometheus", „Der Verschollene", „Der Proceß" und ausgewählten Aphorismen, Königshausen & Neumann: Würzburg 1999

93) wer sich schnell über Kafka informieren will, dem empfehle ich:
Karla Reimert, Kafka für Eilige, Aufbau-Taschenbuchverlag: Berlin 2003